AF384707

CATALOGUE
D'OBJETS D'ART
ET DE HAUTE CURIOSITÉ,

TELS QUE

Bronzes, Ivoires sculptés, Marbres, Mosaïques, Émaux de Limoges, Porcelaines de Chine et du Japon montées et non montées; Porcelaines de Sèvres et de Saxe, Marqueteries de Boule, Bronzes dorés, Meubles anciens richement garnis de bronzes dorés, Pendules en cuivre doré et en marqueterie, Feux, Candélabres et Flambeaux en cuivre doré, etc., etc.;

DONT LA VENTE AURA LIEU,

PAR CESSATION DE COMMERCE DE M. BERTHON FILS,

Les 11 et 12 Décembre 1838, et jours suivants, à midi très-précis,

Rue des Jeûneurs, hôtel des ventes, grande salle, n° 1.

—

EXPOSITION PUBLIQUE,

Les dimanche 9 et lundi 10 du même mois, de midi à 4 heures.

—

Se distribue chez

M. BONNEFONDS DE LA VIALLE, COMMISSAIRE-PRISEUR,
RUE DE CHOISEUL, 11;

M. ROUSSEL, EXPERT,
QUAI MALAQUAIS, 13.

1838

CATALOGUE

D'OBJETS D'ART

ET DE HAUTE CURIOSITÉ,

TELS QUE

Bronzes, Ivoires sculptés, Marbres, Mosaïques, Émaux de Limoges, Porcelaines de Chine et du Japon montées et non montées, Porcelaines de Sèvres et de Saxe, Marqueteries de Boule, Bronzes dorés, Meubles anciens richement garnis de bronzes dorés, Pendules en cuivre doré et en marqueterie, Feux, Candelabres et Flambeaux en cuivre doré, etc., etc.;

DONT LA VENTE AURA LIEU,

PAR CESSATION DE COMMERCE DE M. BERTHON FILS,

Les 11 et 12 Décembre 1838, et jours suivants, à midi très-précis.

Rue des Jeûneurs, hôtel des ventes, grande salle, n° 1.

———

EXPOSITION PUBLIQUE,

Les dimanche 9 et lundi 10 du même mois, de midi à 4 heures.

Se distribue chez

M⁰ BONNEFONDS DE LA VIALLE, COMMISSAIRE-PRISEUR,

RUE DE CHOISEUL, 11;

M. ROUSSEL, EXPERT,

QUAI MALAQUAIS, 13.

———

1838

CATALOGUE

D'OBJETS D'ART

ET DE HAUTE CURIOSITÉ.

Meubles.

1 — Petit secrétaire à abattant et à pieds de biche, en marqueterie de cruivre et écaille ; garni à l'intérieur de trois tiroirs.

2 — Un meuble à hauteur d'appui, fermant à deux vantaux, en marqueterie d'étain sur bois de palissandre ; il est garni de deux tiroirs au-dessus des portes et orné de cuivre ; le dessus en marbre.

3 — Armoire à deux portes vitrées, en marqueterie de cuivre et ébène ; ce meuble, dont les côtés sont marquetés, est orné de cuivre à feuillage ; le dessus en marbre noir.

4 — Commode à trois tiroirs, marqueterie de cuivre sur écaille rouge, ornée de riches moulures et mascarons en cuivre ; le dessus, marqueté en plein, est d'un bel effet.

5 — Autre belle commode à quatre tiroirs, marqueterie de cuivre, écaille et nacre de perle, garnic de moulures, mascarons et riches poignées en cuivre doré ; le dessus en marbre brèche violette. Cet objet en bon état est difficile à rencontrer.

1.

6 — Un bureau à quatre faces et à pieds de biche, muni de trois tiroirs, marqueterie de cuivre et écaille. Ce bureau, de la plus belle conservation, a le dessus marqueté en plein et orné de cuivre très-riche doré à l'or moulu.

7 — Autre bureau à quatre faces et à pieds de biche; le dessus marqueté en plein, avec ornements et mascarons en cuivre.

8 — Bureau en bois de rose, forme contournée, orné de riches cuivres rocailles, le dessus en maroquin.

9 — Autre bureau en bois de rose, il est à quatre faces et à pieds de biche; garni de cuivre avec figures aux angles.

10 — Grande pendule à sonnerie, en marqueterie de cuivre et écaille, ornée de cuivres; elle est sur son pied faisant console.

11 — Une autre pendule à sonnerie et à réveil, sur son pied à cul-de-lampe, marqueterie de cuivre et écaille ornée de cuivres rocailles.

12 — Belle pendule de Boule, marqueterie de cuivre et écaille, enrichie d'ornements et des figures emblématiques du Temps et de l'Amour, en cuivre doré à l'or moulu; la même pendule existe à Versailles, dans la chambre à coucher du roi.

13 — Jolie petite pendule, forme de lyre, marqueterie d'étain, cuivre et écaille, d'une grande finesse de dessin, et enrichie d'ornements en cuivre doré à l'or moulu.

14 — Un porte-montre, en marqueterie de cuivre, écaille et burgau d'un joli travail.

15 — Autre porte-montre à peu près semblable au précédent.

16 — Un socle, en marqueterie de cuivre et écaille rouge.

17 — Casier, en marqueterie de cuivre et écaille rouge.

18 — Un socle, en marqueterie, fond bleu, orné de cuivre doré.

19 — Boîte carrée, marqueterie de cuivre, étain et écaille; le dedans garni en satin.

20 — Autre boîte du même genre.

21 — Un coffret faisant pelote, marqueterie de cuivre et écaille.

22 — Écritoire, en marqueterie de cuivre et écaille rouge, ornée de cuivre.

23 — Magnifique commode, forme contournée, et à pieds de biche; en laque fond noir à dessins d'or, elle est ornée de cuivre très-riche doré à l'or moulu; le dessus en marbre portor avec moulures. Cette pièce rare mérite de fixer l'attention.

24 — Jolie console à tiroirs en laque du Japon, fond noir, avec personnages en relief et dessins d'or; elle est ornée de cuivre de gouttière doré au mat et d'un fini remarquable; le dessus en vert de mer.

25 — Plateau en laque fond noir à dessins d'or en relief, avec galerie à jour en cuivre doré.

26 — Boîte en vernis de Martin, avec personnages très-délicatement peints; l'intérieur aventuriné.

27 — Boîte à pans, laque aventurinée.

28 — Deux caisses à bouquets, en laque fond noir à dessins d'or, montées en cuivre doré.

29 — Petite maison chinoise, en laque fond noir à dessins d'or. Cet objet, disposé pour servir de chiffonnier, est orné de cuivre doré.

30 — Commode à deux tiroirs, laque fond noir et or garnie de cuivre doré.

31 — Une table à pieds de biche, laque fond noir et or garnie de cuivres rocailles et mascarons en cuivre; le dessus couvert en maroquin.

32 — Grande console en bois sculpté et doré rechampie en

blanc et malachite; au-dessous de la tablette, un aigle, et sur les côtés, des têtes de bélier ; elle est très-riche et d'un bel effet.

33 — Autre console en bois doré, du temps de Louis XV, forme contournée; le dessus de marbre à moulures.

34 — Console en bois doré, forme contournée, soutenue par quatre pieds de biche, avec le dessus de marbre.

35 — Bel écran du temps de Louis XV, en bois sculpté et doré; il est garni en soie bleue à bouquets.

36 — Casier en ébène, garni de cuivre doré.

37 — Une console en acajou, garnie de cuivre doré.

38 — Petite chiffonnière à coulisse, en marqueterie de bois et ornée de cuivre.

39 — Très-joli petit cabinet fermant à deux vantaux, en marqueterie de bois, du temps de Henri II; l'intérieur est garni de tiroirs sur lesquels sont représentés des sujets allégoriques. Cet objet est précieux par la finesse de la marqueterie et sa belle conservation.

40 — Cabinet en ébène fermant à deux vantaux ; l'intérieur est garni de tiroirs ornés de peintures par Breughel.

41 — Jolie gaîne en marqueterie, ornée de cuivre.

42 — Deux encoignures en bois de rose et à damier, ornées de cuivre; dessus de marbre.

43 — Petite boîte à coulisse, en bois de rose et marqueterie de bois.

44 — Un pied de pendule en marqueterie, orné de cuivre.

Dorures.

45 — Deux grands candélabres à dix-huit lumières, ayant 3 pieds 2 pouces de haut.

Deux figures de femmes au vert antique, sur piédestaux ornés d'appliques à figures, supportent des vases d'où sortent de forts bouquets de lumières ; le haut se termine par des aigles dont les ailes sont déployées. Tous ces ornements sont soigneusement ciselés et dorés au mat.

La richesse et la dimension de ces deux belles pièces les rendent dignes de décorer le plus riche ameublement.

46 — Une paire de vases dont la panse est au vert antique ; les ornements et les anses formées par des figures de Tritons sont très-bien ciselés et dorés à l'or moulu.

47 — Une paire de candélabres formés par des vases au vert antique, riches d'ornements dorés ; desquels sortent des bouquets dorés à l'or moulu.

48 — Autre paire de candélabres, à trois lumières et à bouquets de lis placés dans des vases de porcelaine fond vert, ornés de têtes de bélier en cuivre doré.

49 — Forte paire de candélabres, à bouquets de lis, placés dans des vases Médicis au vert antique ; les anses et les bouquets sont dorés.

50 — Deux beaux candélabres à trois lumières ; des Amours, sur fûts de colonnes cannelées, supportent des vases desquels sortent des bouquets de lis.

51 — Une paire de girandoles rocailles, à trois lumières, dorée à l'or moulu.

52 — Une autre paire de girandoles rocailles, à deux lumières, dorée à l'or moulu.

53 — Un flambeau à pompe ; doré à l'or moulu.

54 — Deux flambeaux rocailles, dorés à l'or moulu.

55 — Deux autres plus petits.

56 — Une paire de flambeaux à colonnes et guirlandes de fleurs.

57 — Grande paire de feux, à figures chinoises assises sur
des rinceaux d'ornements rocailles; ils sont très-
riches de ciselures et bien dorés.

58 — Autre paire de feux, avec lions sur des ornements
rocailles, avec écussons et emblèmes guerriers,
dorés à l'or moulu.

59 — Paire de feux, avec sphinx au vert antique et ornements dorés à l'or moulu.

60 — Quatre grands bras de cheminée, à trois lumières,
ornés de rinceaux à feuillages et bouquets de fleurs
en cuivre doré à l'or moulu. Il est rare de rencontrer des bras de cette dimension.

61 — Deux petits bras à deux lumières; des enfants qui se
terminent en gaînes supportent les lumières; ils
sont dorés à l'or moulu.

62 — Pendule en cuivre doré à l'or moulu : mouvement
de Henri Voisin; elle représente un Génie et la
Vigilance.

63 — Jolie pendule à sonnerie, en cuivre doré de forme
cintrée, avec ornements rocailles; les côtés en
bois de rose sont ornés de quadrilles à jour en
cuivre doré; elle est surmontée d'une figure de
Flûteur.

64 — Très-belle pendule à musique et à cadran tournant,
en cuivre doré au mat; elle est ornée de figures et
surmontée d'un aigle terrassant un serpent; à cha-
que heure apparaît un oiseau qui ouvre les ailes,
chante douze airs variés et disparaît ensuite der-
rière une plaque de cuivre émaillé.

Cette pièce, fort remarquable et du plus bel
ensemble, est d'un travail précieux.

65 — Pendule à sonnerie et quantième, en cuivre doré au
mat; elle représente la Pleureuse d'oiseau; la ciselure
et la dorure sont d'une perfection rare.

66 — Lustre à quinze lumières, ornements rocailles avec têtes de Satyres.

67 — Autre lustre à huit lumières ; le centre est formé par un vase.

Porcelaines de Saxe.

68 — Pendule faisant bosquet, en cuivre doré ; elle est ornée d'un groupe de figures et de fleurs variées.

69 — Une paire de petites girandoles, en cuivre doré ; avec figures et fleurs.

70 — Deux petits flambeaux, avec cygnes en cuivre doré et fleurs.

71 — Deux autres semblables.

72 — Flambeau à deux lumières et garde-vue, en cuivre doré ; avec figures chinoises et fleurs en porcelaine de Saxe.

73 — Petite fontaine craquelée ; monture rocaille en cuivre doré, avec fleurs.

74 — Jolie fontaine en porcelaine de Saxe, fond jaune, avec miniatures, formée par un tonneau sur chevalet à trépied, avec quatre figures représentant les Saisons, et branchages en cuivre doré ornés de fleurs en porcelaine.

75 — Une figurine en porcelaine, représentant un Franc-maçon.

76 — Deux petites figures avec vases, forme rocaille.

77 — Un Coq et une Poule faisant pendant.

78 — Deux figures, Cassandre et une Danseuse.

79 — Un groupe, Berger et son troupeau de moutons.

80 — Figurine de Turc tenant une guitare à la main.

81 — Un Berger jouant de la cornemuse.

82 — Les quatre Saisons.

83 — Joli petit groupe de quatre figures.

I..

84 — Deux jolis vases, forme rocaillé, avec figures et fruits en relief; sur la panse, des peintures d'après Watteau.

85 — Deux sucriers ovales et leurs plateaux, porcelaine gaufrée et à bouquets.

86 — Écritoire, porcelaine de Saxe garnie de riches cuivres rocailles dorés à l'or moulu.

87 — Le char d'Apollon traîné par deux chevaux, en porcelaine de Saxe, sur terrasse en cuivre doré.

88 — Le char de Neptune traîné par deux chevaux marins, sur terrasse en cuivre doré.

89 — Deux Fleuves faisant pendant.

90 — Trois petits plateaux, forme de feuilles.

91 — Deux tasses et soucoupes, fond violet à médaillons, sujets de marine.

92 — Huit couteaux dont les manches sont en porcelaine fond blanc, avec insectes et fleurs coloriés; les viroles en argent.

93 — Une boîte de dix-huit couteaux, avec manches en porcelaine, à bouquets de fleurs, et viroles en argent.

94 — Un plateau à deux anses et une saucière à figures.

95 — Deux saucières à deux anses, avec figures et bouquets.

96 — Saucières à dessus gaufrés.

97 — Trois tasses et soucoupes à oiseaux.

98 — Une tasse, une soucoupe et un compotier à dessins en relief.

99 — Écritoire formée par un citron et branche de fleurs.

100 — Une autre du même genre.

101 — Une *idem*.

Porcelaines de Sèvres.

102 — Très-jolie paire de vases, fond bleu turquoise, avec les portraits de mesdames Dubarry et Pompa-

dour ; la monture élégante, en cuivre doré à l'or moulu, est enrichie de petites figures d'enfants très-bien modelées. Cet article mérite de fixer l'attention.

103 — Deux petites buires, fond rose et bleu turquoise, avec médaillons à enfants et oiseaux, très-finement peintes ; les anses sont formées par des enfants ailés, en bronze doré à l'or moulu, regardant dans la buire.

104 — Un vase forme dite éventail, bleu turquoise, avec médaillons à sujets d'Amours, d'après Boucher.

105 — Vase de même forme que le précédent, couleur lilas, avec bouquets de fleurs semés dans le fond.

106 — Tasse et soucoupe, gros bleu, à bouquets de fleurs.

107 — Une *idem*, fond blanc, à oiseaux.

108 — Une *idem*, fond bleu, à cartels de fleurs.

109 — Une *idem*, à guirlandes de roses et de chêne.

110 — Une *idem*, fond bleu, à bouquets de fleurs.

111 — Une *idem*, fond rose, à paysage.

112 — Une *idem*, fond bleu, à cartels d'oiseaux ; ancienne qualité de Vincennes.

113 — Une autre semblable, et même qualité.

114 — Une autre, fond bleu, avec arabesques.

115 — Deux tasses, fond bleu, avec attributs champêtres.

116 — Une tasse, fond de couleur bariolée, avec cartels à sujets pastoraux.

117 — Une tasse et soucoupe, bleu turquoise, ornements d'or.

118 — Un pot au lait et un plateau ovale à bouquets de roses.

119 — Une écuelle et son plateau, fond blanc, à bouquets de fleurs.

120 — Une théière, fond bleu et à bouquets.

121 — Deux vases de nuit, un rond et un ovale, à bouquets.

122 — Deux beurriers à bouquets.

123 — Deux seaux, fond blanc semé de bouquets de fleurs.

124 — Deux grands saladiers, feuille-de-chou, semés de bouquets.

125 — Quatre compotiers ronds, feuille-de-chou et à bouquets.

126 — Douze petits pots à glaces, à bouquets.

127 — Deux pièces, un confiturier et un seau.

128 — Quatre compotiers carrés, à bouquets.

129 — Deux saladiers, à bouquets.

130 — Quatre compotiers ronds, à bouquets.

131 — Deux grands seaux, à guirlandes de fleurs.

132 — Deux pots à crème, à filets bleus.

133 — Une théière et une salière, à bouquets.

134 — Socle ovale, fond bleu de roi, tout uni.

135 — Joli petit pot à trépied, avec guirlandes de fleurs et de chêne.

136 — Deux fromagers et leurs plateaux, à bouquets.

137 — Joli marronnier à jour, ovale, à bouquets de fleurs.

138 — Deux guéridons, fond blanc, à bouquets.

139 — Deux sucriers de table avec plateaux feuille-de-chou.

140 — Un huilier et un beurrier, à bouquets.

141 — Sucrier ovale, à guirlandes de fleurs.

142 — Deux grands mortiers, fond blanc, à bouquets.

143 — Quatre compotiers, forme coquille, à bouquets.

144 — Douze petits pots à crème avec couvercles, à bouquets.

145 — Un plateau et une saucière ovale, feuille-de-chou.

146 — Deux compotiers losanges, à bouquets.

147 — Pot à eau et sa cuvette ovale, fond jaune et bleu, à guirlandes de fleurs.

148 — Douze assiettes dépareillées, à bouquets variés.

149 — Douze autres assiettes de dessert.

150 — Cabaret composé de cinq pièces, avec plateau ovale à deux anses, fond blanc, à bouquets.

151 — Deux douzaines d'assiettes, dites à panier d'osier, fond blanc, à bouquets.

152 — Deux autres douzaines d'assiettes semblables aux précédentes.

Porcelaines de Chine et du Japon.

153 — Une paire de vases fond bleu, à quadrilles et à cartels de fleurs; avec monture rocaille en cuivre doré à l'or moulu.

154 — Deux grands cornets à pans, avec cartels à ramages bleus rehaussés d'or; garnis en cuivre doré rocaille.

155 — Très-belle paire de vases, fond céladon semé de fleurs, ornés de quatre médaillons à sujets, composés d'un grand nombre de personnages chinois; les anses sont garnies en bronze doré, et le haut entouré de feuilles de lierre; les socles à six pans ont le tore formé par un cep de vigne; le tout en bronze doré.

156 — Deux petits cornets à bouquets; garnis de bronzes dorés.

157 — Beau vase, dit potiche, à dessins bariolés rehaussés d'or; il est garni de cuivre doré.

158 — Deux beaux cornets, de mêmes dessin et qualité que le vase précédent, et pouvant l'accompagner.

159 — Deux magnifiques jardinières, de forme hexagone, ornées de belles peintures représentant des sujets d'intérieur chinois; elles sont montées sur des pieds à jour, en cuivre doré, de style oriental, se terminant par de fortes têtes de lion; le haut est garni d'un cercle de fleurs en cuivre doré. Ces deux objets, riches, dont la mouture et la dorure sont très-soignées, pouvant servir de milieu, seront vendus séparément si on le désire.

160 — Une paire de vases, fond vert, couverts de jolis ornements et rosaces, richement montés en cuivre doré
 à l'or moulu.

161 — Deux vases à anses, fond pourpre et noir, avec sujets
 de chasse, montés en cuivre doré.

161 *bis.* — Deux aiguières, ornées de cartels, fond bleu turquoise et noir, avec dessins d'attributs divers.

162 — Deux bouteilles, forme gourde, garnies de cuivre
 rocaille.

163 — Jolie bouteille, fond bleu, à dessins rehaussés d'or,
 montée en cuivre doré.

164 — Deux petits vases à dessins, montés en cuivre doré.

165 — Deux jolis vases de forme ovale, avec médaillons à
 sujets chinois, montés en cuivre doré.

166 — Deux vases de forme carrée, avec personnages chinois très-richement costumés; belles montures en
 cuivre doré.

167 — Deux autres vases de même forme, fond céladon
 fleuri, montés en cuivre doré.

168 — Une paire de vases carrés, fond rouge et vert, avec
 pagode chinoise; les ornements et les anses sont
 en cuivre doré.

169 — Deux jolis cornets carrés, fond vert, imitant la peau
 de chagrin, semé de fleurs; montés en cuivre
 doré.

170 — Deux aiguières, fond bleu, à dessins variés, montées
 en cuivre doré rocaille.

171 — Deux aiguières plus petites, fond vert et rouge; la
 monture rocaille en cuivre doré.

172 — Deux jolis cornets, fond bariolé de dessins, avec
 monture rocaille en cuivre doré.

173 — Une paire de vases, forme ovale, avec couvercles,
 ornés de fleurs en relief et montés en cuivre doré.

174 — Petite paire de vases, forme gourde, en céladon

vert, formant flambleaux, et montés en cuivre
doré.

175 — Deux jolies bouteilles, fond rouge et vert, avec
dessins bleus ; les anses formées par des têtes de
Chimères, et la monture en cuivre doré.

176 — Deux vases à pans et à dessins à jour, ornés de
médaillons à sujets, montés en cuivre doré.

177 — Une paire de petits cornets, fond brun, avec peintures et dessins d'or, montés en cuivre doré.

178 — Deux aiguières, fond rose, avec bouquets de fleurs
en relief ; monture rocaille en cuivre doré.

179 — Une paire de vases à pans et à deux anses, avec
cartels de fleurs ; monture rocaille en cuivre doré.

180 — Deux jolis cornets, fond brun, ornés de quatre cartels, de paysages et figures, montés en cuivre
doré.

181 — Une paire de beaux vases à anses, d'une forme très-
élégante ; ils sont fond bleu, à dessins de dragons
et de fleurs en or, très-bien montés en bronze doré
à l'or moulu.

182 — Une paire de petits vases à pans, fond rouge et
vert, avec paysages et fleurs ; montés en cuivre
doré.

183 — Deux jolis vases, céladon vert, à dessins bleus d'oiseaux et de fleurs ; le tout orné de cuivre doré.

184 — Une paire de vases, de forme très-allongée, ornés
de cartels à figures et pagodes, montés en cuivre
doré.

185 — Deux cornets, fond laque rouge à bouquets d'or,
avec monture rocaille en cuivre doré.

186 — Deux cornets, fond bleu à dessins d'or ; monture à
trépied et gorge en cuivre doré.

187 — Très-jolie paire de vases, céladon bleu d'empois,

à dessins de fleurs en relief ; monture rocaille en cuivre doré.

188 — Une garniture de trois vases à pans, fond rose avec fleurs en relief, et monture de style oriental en cuivre doré.

189 — Deux jolis petits vases à deux anses, de forme ovale, avec double cartel de figures, montés en cuivre doré.

190 — Deux beaux vases à anses, fond bleu turquoise et vert, avec cartels à pagodes ; ils sont montés en cuivre doré, et supportent des lampes à système Carcel.

191 — Une autre lampe du même genre que les précédentes ; le vase, forme gourde, est céladon et rose, avec cartels à sujets de chasse.

192 — Une paire de vases, forme bouteille, fond jaune, avec dessins légèrement en relief ; ils sont d'une qualité rare.

193 — Deux vases à côtes, fond jaune, avec feuillages en relief, émaillés en vert.

194 — Un vase craquelé, blanc grisâtre, à dessins en relief. Ce vase curieux est sur un pied en bois de fer sculpté à jour.

195 — Très-belle paire de vases, céladon bleu, avec dessins à chimères et fleurs, légèrement en relief ; qualité ancienne des plus rares.

196 — Un vase fond bleu, du même genre que les précédents.

197 — Une paire de vases, fond rouge, ornés de quatre cartels à figures et paysages.

198 — Deux vases à double cartel à figures.

199 — Deux potiches à pans, à dessins bleus et rouges.

200 — Deux autres, fond bleu à ramages, et cartels à dragons et chimères.

201 — Une autre grande potiche, à dessin rehaussé d'or.

202 — *Idem*, à dessins mêlés d'oiseaux.

203 — Deux autres, fond bleu et or.

204 — Une potiche à pans.

205 — Deux petits cornets, fond brun.

206 — *Idem*, avec cartels à figures.

207 — Un chat, porcelaine, céladon vert, d'une belle et ancienne qualité, sur coussin en cuivre doré.

208 — Grande et belle figure de femme chinoise, dite pagode; elle a 39 pouces de haut; sa robe, des plus riches, offrant des échantillons variés de toutes les couleurs de céladon, est en outre ornée de pierreries. Cette belle figure, unique dans le commerce, est placée sur un pied à jour en bois d'acajou; elle a la tête mouvante et tient un plateau de laque.

209 — Un sucrier et son plateau, à dessins bleus et bouquets.

210 — Soupière ronde et son plateau, fond rouge, à paysage et à bouquets de fleurs.

211 — Deux plats à huit pans, à figures.

212 — Deux autres à ramages.

213 — Grande tasse à bière, avec sujet de marine.

214 — Une tasse à couvercle et sa soucoupe, formant sucrier.

215 — Une autre plus grande, avec dessins bleus et rouges.

216 — Six tasses et soucoupes, fond chocolat, dessins variés.

217 — Trois *idem*, à pans, ornées de jolis sujets.

218 — Trois *idem*, à dessins variés.

219 — Trois *idem*, *idem*.

220 — Deux grandes potiches, à dessins bleus.

221 — Une paire de cornets à pans, dessins à draperies.

222 — Deux petits cornets fond brun, à dessins émaillés.

223 — Deux vases à pans, à dessins émaillés en relief.
224 — Une paire de vases à couvercles, fond brun.
225 — Deux gourdes, céladon bleu.
226 — Une paire de vases à dessins en relief et médaillons.
227 — Deux vases à pans.
228 — Lavabo très-riche sur guéridon en bois de fer.
229 — Un semblable, mais plus petit.
230 — Un joli bol fond rouge, avec cartels à figures et oiseaux, monture à patins en cuivre doré.
231 — Un autre bol, avec dessins à jour et à ramages, monté en bronze doré.
232 — Plateau à huit pans, orné de figures, monté sur quatre pieds en bronze doré.
233 — Deux jardinières très-élégantes, à dessins bleus et rouges, la monture à Satyres en bronze doré. Cet article sera divisé si on le désire.
234 — Un bol fond bleu à quadrilles, orné de figures, monté en cuivre doré.
235 — Jolie coupe à huit pans, fond bleu et à bouquets de fleurs, monture à dauphins en cuivre doré.
236 — Écritoire fond vert à dessins rouges, garnie de cuivre.
237 — Deux autres du même genre.
238 — Deux *idem.*
239 — Deux *idem,* avec figures coloriées.
240 — Deux *idem,* plus petites.
241 — Deux *idem,* de moyenne grandeur.
242 — Deux potiches très-ventrues et bien décorées.
243 — Deux autres à peu près semblables.
244 — Deux cornets à figures chinoises.
245 — Deux autres cornets du même genre.
246 — Deux *idem,* *idem.*
247 — Deux *idem,* plus petits.
248 — Deux *idem,* de moyenne grandeur.
249 — Deux jolies petites bouteilles à dessins variés.

250 — Deux autres à bouquets.

251 — Deux petits vases à dessins en relief.

252 — Deux vases à pans.

253 — Deux autres.

254 — Deux petits vases forme gourde.

255 — Deux autres semblables.

256 — Deux bouteilles forme gourde.

257 — Deux *idem*, plus petites.

258 — Deux grandes potiches à dessins variés.

259 — Un grand bol à couvercle.

260 — Un *idem*, petit.

261 — Un autre bol du même genre.

Objets de curiosité divers.

262 — Grand Christ en ivoire, de travail allemand très-ancien, ayant 25 pouces de haut ; il est placé sur une croix en cuivre doré, découpée à jour, ornée de pierreries. Cet objet curieux est digne de figurer dans la plus grande collection.

263 — Beau plat en faïence avec reptiles, poissons et coquillages en relief.

264 — Deux vases faisant vide-poche, en pierre de lard, travail à jour très-curieux ; ils sont montés en cuivre doré à l'or moulu.

265 — Joli écran en pierre de lard, avec figures emblématiques ; la monture en bois de fer.

266 — Quatre salières formant socle, en porphyre oriental.

267 — Quatre autres du même genre.

268 — Un bel éventail découpé à jour, en nacre de perle avec appliques et dessins d'or.

269 — Autre éventail à peu près semblable.

270 — Un *idem*.

271 — Un *idem*.

272 — Un éventail, monture en ivoire, dessins découpés à jour avec personnages.

273 — Trois autres du même genre.

274 — Vase à couvercle, en lumachelle grise; les anses sont prises dans la masse.

275 — Bel ouvrage en ambre sculpté, représentant le saint Sépulcre; le Christ s'élève au-dessus du tombeau.

276 — Deux beaux bronzes faisant pendant. Deux Naïades couchées tiennent des urnes renversées; ces deux figures, grandioses de style, sont placées sur des socles rocailles en cuivre doré à l'or moulu. La belle ciselure des figures et des socles en fait un objet des plus importants.

277 — Deux colonnes en marbre noir.

278 — Bouclier rond en fer gravé, à ombilic très-saillant, orné de cinq médaillons représentant des Guerriers.

279 — Autre bouclier en fer gravé, avec sujet représentant la prise de Jéricho.

280 — Un casque en fer gravé, avec figures et ornements divers.

281 — Un *idem*, orné d'arabesques gravées.

282 — Une boîte carrée en bois sculpté.

283 — Deux tableaux chinois peints sur verre; les cadres sont en bois laqué.

284 — Très-beau vidrecome en verre émaillé, représentant l'aigle impériale et les armoiries des électeurs, avec date de 1599.

285 — Un *idem*, en verre de Venise, à filigrane blanc à quadrilles.

286 — Un *idem*, forme calice, avec pied à enroulement à jour.

287 — Deux presse-papiers, mosaïques en relief, branches

de cerisier en cornaline, avec papillons en cuivre doré.

288 — Deux autres presse-papiers du même genre.

289 — Deux *idem*, plus petits.

290 — Un verre ovale à pied tors à jour, colorié, avec insectes gravés.

291 — Jolie petite cassolette chinoise, à trépied et mascarons en cuivre émaillé, bleu turquoise, avec bouquets de fleurs.

292 — Deux jolis vases chinois en cuivre émaillé, bleu turquoise, à bouquets de fleurs, sur socles en bois de fer.

293 — Une douzaine de couteaux en argent doré, forme rocaille ; ils sont aux armes de France et portent, d'un côté, le chiffre de Louis XV et, de l'autre, des fleurs de lis.

294 — Deux colonnes en marbre jaune de Sienne avec base en cuivre doré.

295 — Deux figurines en bronze faisant pendant ; des porteurs en voyage.

296 — Deux têtes de sphinx en bronze, la coiffure est dorée.

297 — Groupe de quatre figures en terre cuite : J.-J. Rousseau et son *Émile*.

298 — Groupe de terre cuite : l'Amour sur un char traîné par des biches.

299 — Une boîte contenant vingt-deux fourchettes à manches d'argent repoussé, modèle ancien.

300 — Un Poussah en bronze, sur pied rocaille en cuivre doré à l'or moulu.

301 — Groupe en marbre blanc : Vénus offrant un cœur à l'Amour.

302 — Deux jolis vitraux suisses, représentant des personnages chevaleresques avec armoiries, et date de 1543 et 1613.

303 — Le buste de Louis-Philippe, en bronze.

304 — Deux vitraux suisses, faisant pendant, saint Jean et saint Barthélemy; avec armoiries et la date de 1646.

305 — *Idem*, le Baptême de saint Jean; armoiries et date de 1659.

306 — Quatre feuilles d'almanach, avec signes du Zodiaque, émaillées sur cuivre; les cadres, en cuivre doré, portent les armes de France avec fleurs de lis.

307 — Deux jolis presse-papiers, avec mosaïques de fleurs et papillons sur marbre noir.

308 — Une carafe ancienne en verre bleu taillé, montée en cuivre doré.

309 — Vase à deux anses avec bas-reliefs, en biscuit de Woodwood.

310 — Presse-papiers à enfants, en bronze doré; sur plinthe en porphyre rouge oriental.

311 — Beau surtout de table composé de sept pièces, en scaïola, à sujets fruits et fleurons, imitant la mosaïque; la monture, en cuivre doré, est ornée de têtes de lions et de guirlandes de fleurs.

312 — Deux socles à pans, en céladon du Japon, montés en cuivre doré.

313 — Un cheval en bronze, sur socle en jaune de Sienne.

314 — Deux émaux de Limoges: saint Pierre et saint Paul.

315 — Autre émail: sainte Thérèse.

316 — Jolie coupe en agate mamelonnée rose, montée sur trépied en cuivre doré à l'or moulu.

317 — Autre coupe en agate mamelonnée grise, montée comme la précédente.

318 — Deux belles Chimères faisant pendant; en céladon.

319 — Deux Coqs, en céladon, sur piédestaux ornés de bronze.

320 — Jolie tourelle chinoise, à jour, en céladon.

321 — Miroir de toilette, forme cintrée, en marqueterie de cuivre et écaille.

322 — Sarcophage antique en marbre blanc, avec frise sculptée et inscription.

323 — Théière de Chine en terre de Bocaro, à dessins à jour.

324 — Deux petites cuillers en argent du temps de Louis XIII.

325 — Deux autre avec figures.

326 — Deux autres.

327 — Deux *idem*.

328 — Deux *idem*.

329 — Douze médailles, collection de grands hommes.

330 — Douze autres médailles du siècle de Louis XIV.

331 — Quatre fixés ronds pour tabatières.

332 — Buste en bronze du général Foy.

333 — Pied faisant console, à dessins, rocailles en cuivre doré.

334 — Buste de Mirabeau, en marbre blanc, sculpté par Oudon.

335 — Galerie de cheminée, à barre et à coulisse, en cuivre doré.

PARIS. — IMPRIMERIE PANCKOUCKE, RUE DES POITEVINS, 14.